Adrian Müller

Weisheiten aus der Wüste

Adrian Müller

Weisheiten aus der Wüste

Spirituelle Oasen für das 21. Jahrhundert

Fromm Verlag

Impressum / Imprint
Bibliografische Information der Deutschen Nationalbibliothek: Die Deutsche Nationalbibliothek verzeichnet diese Publikation in der Deutschen Nationalbibliografie; detaillierte bibliografische Daten sind im Internet über http://dnb.d-nb.de abrufbar.

Bibliographic information published by the Deutsche Nationalbibliothek: The Deutsche Nationalbibliothek lists this publication in the Deutsche Nationalbibliografie; detailed bibliographic data are available in the Internet at http://dnb.d-nb.de.

Coverbild / Cover image: www.ingimage.com

Verlag / Publisher:
Fromm Verlag
ist ein Imprint der / is a trademark of
OmniScriptum GmbH & Co. KG
Heinrich-Böcking-Str. 6-8, 66121 Saarbrücken, Deutschland / Germany
Email: info@frommverlag.de

Herstellung: siehe letzte Seite /
Printed at: see last page
ISBN: 978-3-8416-0307-4

Inhaltsverzeichnis

Vorwort

Wüstenväter und Wüstenmütter haben uns heute noch einiges zu sagen. Ihre existenzielle Spiritualität spricht heute noch an und kann unsere Gottes- wie auch Menschenbeziehung befruchten – und sich selber kommt man auch noch auf die Schliche.

Die Entdeckung dieser Weisheiten verdanke ich der Redaktion der Zeitschrift forumKirche. In früheren Jahre hatte ich für sie schon eine Jahres-Serie zu den Propheten wie auch zu den Heiligen geschrieben. Die RedaktorInnen hatten die Idee der Wüstenväter und der Wüstenmütter. Bald hatte ich mich warmgelesen und das Abenteuer konnte beginnen. Das Resultat davon kann in diesem Buch begutachtet und hoffentlich auch genossen werden. Mir hat der Weg jedenfalls Spass gemacht. Der Aufmerksamkeit des Fromm-Verlages verdanke ich die Publikation dieser Texte in ihrer Reihe.

Die Texte wurden während eines Kalenderjahres geschrieben. Die erste Ausgabe kam zu Weihnachten 2012 und die letzte im Advent 2013. In etwa alle zwei Wochen erscheint die Zeitschrift forumKirche. Manchmal beziehen sich die Texte deshalb zu Begebenheiten des Kirchenjahres. Ab der Seite sieben gibt es eine Einführung zu den Texten, welche dann ab Seite zehn stets auf einer Doppelseite sowohl den Spruch als auch meine Worte dazu beinhalten. So wünsche ich nun gute und bereichernde Lesezeiten mit existenziellem Tiefgang.

Pace e bene

Adrian Müller

Rapperswil, 17. Februar 2014, www.adrianm.ch

Einleitung

Eine ursprünglichere Form der religiösen Erfahrung

Die Wüstenväter – vereinzelt auch Wüstenmütter – waren nicht an einem Glauben light oder an einer Religion institutionell interessiert, aber an echter religiöser Erfahrung – und stellte sich diese nicht einfach ein, dann warteten sie still und geduldig auf die Gottesbegegnung.

Ein junger Mann sitzt auf einer Mauer und schaut nachdenklich auf den See. Er ist arbeitslos und das Leben bekommt er nicht wirklich in den Griff. Eine Frau nähert sich ihm von Hinten und verdeckt ihm die Augen. „Du?" entgleitet ihm erstaunt als er sie erkennt. „Bist du am Träumen?" fragt sie lachend. „Nein" wehrt sich der in Gedanken Versunkene; und nach kurzem Überlegen ergänzt er nachdenklich: „Doch eigentlich ja. Ich bin am Überlegen, ob ich ins Kloster soll. ... Du musst nicht stempeln gehen, du hast einen geregelten Tagesablauf, und ab und zu zu beten kann ja auch nicht schaden!" So tönt es im sehenswerten Film „Stempeltage" von Horst Züger. Anton (fabelhaft gespielt von Edward Piccin) überlegt es sich jedoch noch anders und findet Arbeit und Lebensfreude ausserhalb des monastischen (monos meint alleine) Lebensalltages. Und trotzdem, es gibt Momente im Leben, da man das ganze Drum-und-Dran hinwerfen und verändern möchte.

Weisheit aus der Wüste

Es gibt jedoch Menschen, die gottgewollt in die Wüste ziehen. Wir sprechen dann von der Berufung. Das Lukasevangelium erzählt: „Es war im fünfzehnten Jahr der Regierung des Kaisers Tiberius; Pontius Pilatus war Statthalter von Judäa, Herodes Tetrarch von Galiläa, sein Bruder Philippus Tetrarch von Ituräa und Trachonitis, Lysanias Tetrarch von Abilene;

Hohepriester waren Hannas und Kajaphas. Da erging in der Wüste das Wort Gottes an Johannes, den Sohn des Zacharias. Und er zog in die Gegend am Jordan und verkündigte dort überall Umkehr und Taufe zur Vergebung der Sünden." (Lk 3,1-3) In einer Zeit, da Tyrannen brutal die Welt regierten beruft Gott den Johannes, sendet ihn in die Wüste, um den Menschen die Nähe Gottes zu predigen. Die Revolution beginnt vor 2000 Jahren nicht in den Palästen, aber fernab von diesen, in der Wildnis und der Einsamkeit.

Beginnend im dritten nachchristlichen Jahrhundert haben Menschen in der Wüste Ägyptens und Syriens die Nachfolge Christi gelebt. In einer Zeit, da das Christentum in den Weltstädten der damaligen Zeit öffentlich und strukturiert wurde, ziehen sich Menschen für Einsamkeit und Gebet in die Wildnis zurück. Daniel Hell, der Direktor der psychiatrischen Universitätsklinik Zürich, schreibt im Buch *Die Sprache der Seele verstehen*: „Als das Christentum zu Beginn des 4. Jahrhunderts zur Staatsreligion wurde und sich alte Herrschaftsfamilien der Kirchenorganisation bemächtigten, fühlten sich offenbar immer mehr Menschen gedrängt, nach einer ursprünglicheren Form der religiösen Erfahrung zu suchen" – ein Beweggrund, der auch heute wieder viele Menschen auf die religiöse Suche schickt.

Gläubige ohne Ämter

Im 4. Jahrhundert ist es nicht eine Bewegung von intellektuellen oder kulturmüden Menschen, die sich in die Wildnis zurückzieht, sondern es sind dies zumeist Bauern, die sich der Wüste und einem harten Alltag stellten. Die damaligen Weltsprachen Latein oder Griechisch beherrschen sie nicht. Von diesen Aussteigern – bezeichnenderweise werden sie oft „Anachoreten" genannt – kennen wir heute wenige bei Namen und nur ganz selten hat sich etwas von ihrem verborgenen Leben in der Abgeschiedenheit überliefert – an

Öffentlichkeit waren diese Menschen nicht interessiert. Trotzdem wurden diese Einsiedler mehr und mehr zu einem Phänomen und einer Attraktion ihrer Zeit. Reiseberichte erzählen von diesen Aussteigern und eine Anzahl von Geschichten und Sprüchen ist uns überliefert aus jener Zeit. Sie entstanden meistens in der geistlichen Begleitung unter diesen Anachoreten. Es sind nicht lange Theorien, sondern oft gute und markante Merkgeschichten, die dann meditierend verinnerlicht wurden.

Überraschend ist für den heutigen Leser der Erzählungen der Wüstenväter, die zumeist weder lesen oder schreiben konnten, noch Bücher besassen, wie präsent bei manchen Geschichten die biblische Gedankenwelt in ihren Aussagen ist. Dabei stellen sich die Einsiedler vor allem Fragen zum Leben und zum Umgang mit Anderen. Glaubensbekenntnisse oder liturgische Themen sind nicht im Zentrum ihres Interessens. Es geht um die Gottesbegegnung des Einzelnen und das Ausharren bei sich, auch wenn sich Gottes Nähe nicht einstellt.

Geschichten für Slalomfahrer

Für suchende Menschen des 21. Jahrhunderts sind viele dieser Wüstenvätersprüche eine gute Hilfe und manchmal auch eine Herausforderung für den eigenen Glaubens- und Suchweg. Die Texte entstanden im Schweigen und in der Meditation, starten bei existentiellen Erfahrungen und laden dazu ein, sie ebenso zu lesen und zu verdauen. Nicht dogmatische Lehrsätze oder ethische Forderungen stehen im Zentrum dieser religiösen Hochleistungssportler, sondern das Verharren und Warten. Dabei geht es nicht einmal um ein religiöses Gefühl – dieses wäre sogar kritisch zu betrachten, man weiss ja nie, welche Dämonen dahinter stecken – sondern um das kritische Wahrnehmen seiner selbst und der Regungen im eigenen Innern.

Bei einigen Sprüchen und Vorstellungen wird der Mensch des 21. Jahrhunderts aufbegehren. Und dies macht er manchmal mit Recht. Nicht jeder heute überlieferte Spruch ist wirklich eine Weisheit für unsere Zeit, doch kann nach Ignatius von Loyola auch im Widerstand ein geistlicher Gewinn gefunden werden. So ist es manchmal gut, wie ein Slalomfahrer um die Geschichten herumzufahren, sie zu meditieren und zu verdauen. Wahre Perlen lassen sich dabei finden.

Die Erzählungen, die im kommenden Jahr im forumKirche zu lesen sind, stammen aus der Apophthegmata Patrum, wie sie von Erich Schweitzer übersetzt wurden. Meine eigene Aufgabe sehe ich darin, mögliche Schlüssel für die persönliche Aneignung solcher Geschichten zu geben.

1. Bitte alles auf den Kopf stellen

«Wohin du auch gehst, habe Gott vor Augen, immer. Und was du auch tust, nimm aus den heiligen Schriften die Bezeugung. Und an welchem Ort du auch wohnst, geh nicht schnell wieder weg. Diese drei Dinge beobachte und du wirst gerettet.»

Abbas Antonios

Und schon wieder ist es so weit; ein weiteres Jahr ist um. Was soll ich mir vornehmen fürs 2013? Was könnte ich noch auf den Kopf stellen um besser zu werden? Ach ja, sinnvoll sollte es auch noch sein! Ich möchte doch auch im neuen Jahr mit Gott auf dem Weg sein – möglichst direkt ins Reich Gottes gelangen.

Der dritte Auftrag von Abbas Antonios an einen Fragesteller liess mich etwas irritiert aufhorchen: «Und an welchem Ort du auch wohnst, geh nicht schnell weg.» Was soll ich in einer globalen Welt mit weltweiten Migrationsströmen und der gesellschaftlichen Notwendigkeit, stets flexibel und offen für Neues zu sein, mit der Forderung eines Abbas Antonios nach Beständigkeit anfangen? Je mehr ich darüber nachdenke, desto mehr wird mir bewusst, dass ich meine Gedanken und Absichten fürs neue Jahr auch mal anders angehen könnte. Einiges braucht Zeit und Beständigkeit. Ein Baum braucht Jahre zum Wachsen, Beziehungen bedürfen der Reifung. Darum stellt sich die Frage anders: Was behalte ich bei im 2013?

Im 2012 habe ich bei einigen Menschen begonnen, statt einer E-Mail oder einer SMS auf den Geburts- oder Namenstag eine schöne Karte zu senden.

Dabei habe ich gestaunt, diese bei späteren Besuchen am Kühlschrank oder sonst an einer Wand aufgehängt zu finden. Auch ein herzliches Danke kam nicht selten vor. Das wird Vorsatz Nummer eins sein fürs 2013.

Im Zug lese ich gerne Bücher. Es ist dies quasi mein geschützter Ort zum Lesen und Nachdenken. Das bedeutet, kein Telefon und keinen internetfähigen Computer mit mir zu haben. Kommunizieren kann ich ja auch von zu Hause aus. Das soll mal mein Vorsatz Nummer zwei sein. Das Reisen gehört dem vertiefenden Lesen.

Auch Ihnen, liebe Leserin, lieber Leser, wünsche ich, dass einiges vom Guten, das Sie im letzten Jahr getan haben, auch im nächsten Jahr wieder geschehen darf. Im Sinne einer guten Beständigkeit, wie es Abbas Antonios auch geraten hat. Die Welt muss nicht täglich wieder neu erfunden werden. Gutes darf weiterwachsen.

2. **Ich wollte nicht getauft werden**

Es sagte Abbas Gregorios: Diese drei Dinge verlangt Gott von jedem Menschen, der die Taufe hat: den rechten Glauben von der Seele, die Wahrheit von der Zunge und die Mässigkeit vom Leib.

Spruch des Abbas Gregorios, dem Theologen

«Mich hat niemand gefragt, ob ich getauft werden möchte», schreit Eveline aufbrausend, knallt die Türe zu und wirft sich wütend aufs Bett. Die Vierzehnjährige hat recht. Sie wurde mit drei Monaten getauft und konnte sich nicht selber entscheiden, ob sie zu Christus gehören möchte oder nicht.

Im Moment wäre sie am Liebsten religionslos. Da könnte sie am Sonntagmorgen in Ruhe ausschlafen und sich beim Aufwachen genussvoll den nächtlichen Ausgang durch den Kopf gehen lassen; und sie müsste nicht mit mühsamen Eltern über den sonntäglichen Gottesdienstbesuch streiten.

In der Schweiz wurden die meisten Katholiken als Säuglinge getauft. Und in Deutschland gibt es in einigen Bistümern die Bestimmung, dass nur derjenige im kirchlichen Dienst arbeiten darf, der seine Kinder als Säuglinge tauft. Zuzuwarten, bis die Kinder als junge Erwachsene selber entscheiden könnten, ist für kirchlich Angestellte verboten. Abbas Gregorios scheint in einem Umfeld gelebt zu haben, wo es noch keine Kindertaufe gab. Für ihn ist das Getauftwerden an Bedingungen geknüpft, die nur Erwachsene erfüllen können. Erst spät, im Gefolge von Augustinus und seiner Theologie, wurde die Kindertaufe eingeführt und im Mittelalter zu einem Muss. Dieser Theologie zufolge litten ungetaufte Menschen an der Ursünde. Ungetaufte

Säuglinge landeten im Limbus und sicher nicht im Himmel. Für sie konnte Christus nicht gestorben sein. Erst die reinigende Taufe könne dem Menschen den Himmel öffnen. In der Folge wurde der Säugling aus Angst vor dem Kindstod möglichst schnell getauft – oft in Abwesenheit der Mutter, weil man nicht warten wollte, bis diese das Bett verlassen konnte.

Sollte man heute wieder zur ursprünglicheren Erwachsenentaufe zurückkehren und die Kindertaufe aufgeben? Ich finde nicht. Einerseits sind wir kulturgeprägte Wesen und die persönliche Entscheidungsfreiheit muss vorgeformt werden – ich kann nur zu etwas Nein sagen, das ich auch kenne. Im Weiteren schätze ich den Gedanken, dass Gott zu uns zuerst einmal bedingungslos Ja sagt. Die reife und erwachsene Antwort des Menschen kommt später, bei der Firmung öffentlich gemacht, und will danach Tag für Tag wieder gegeben werden.

3. Den Bogen nicht überspannen

Es war einer, der in der Wüste nach wilden Tieren jagte, und er sah den Abbas Antonios, wie er mit den Brüdern scherzte. Der Alte wollte ihn überzeugen, dass es mitunter nötig sei, sich mit den Brüdern einzulassen, und er sprach zu ihm: Nimm einen Pfeil in deinen Bogen und spanne den. Und der tat so. Dann sagte er zu ihm: Spanne weiter. Und der spannte noch mehr. Dann sagte Antonios wieder: Spanne noch mehr. Da sprach zu ihm der Jäger: Wenn ich ihn über das Mass spanne, bricht der Bogen. Da sprach zu ihm der Alte: So ist es auch bei der Arbeit für Gott. Wenn wir bezüglich der Brüder über das Mass spannen, brechen sie bald. Es ist nun nötig, sich mitunter mit den Brüdern einzulassen. Der Jäger hörte dies und war zerknirscht. Er hatte viel Nutzen vom Alten und ging weg. Die Brüder aber waren gestärkt und gingen an ihren Ort.

Spruch des Abbas Antonios

«Wir Benediktiner suchen das Mass und nicht eine Höchstleistungs-spiritualität wie ihr Franziskaner!» sagte der Abt von Engelberg bestimmt. Als Kapuziner fühlte ich mich bei dieser Aussage geschmeichelt. Mittelmass und Mässigung können doch nicht das Lebenselixier sein. Für einen kurzen Moment fühlte ich mich dem Benediktiner überlegen und war stolz, ein Franziskaner zu sein. Doch nicht lange. Und je älter ich werde – heute feiere ich gerade meinen Geburtstag – desto mehr orientiere ich mich an der Mässigung, respektive an einem menschlichen Umgang mit meinen Nächsten wie auch mit mir selber.

Diesbezüglich habe ich einiges von Franziskus gelernt. Dem Heiligen wird kurz vor seinem Tod klar, dass er mit Bruder Esel, das heisst mit seinem Körper, zu streng umgegangen sei. Er habe zu hart und zu lange gefastet, stellt er fest. Es geht hier nicht darum, das Fasten an sich in Frage zu stellen, sondern auch ihm eine Grenze zu setzen, ein gesundes Mass zu geben.

Ein Zweites lerne ich bei Franziskus zum Thema Mass: Mein Leben hat nicht nur mit mir zu tun, sondern auch mit meinen Nächsten. In den Schriften von Leo, Rufinus und Angelus, einer Lebensbeschreibung des Franziskus, steht folgende schöne Geschichte: Die Brüder wollten miteinander fasten. Mitten in der Nacht schrie einer der Brüder vor Hunger auf: «Ich sterbe! Ich sterbe!» Franziskus sprach mit dem schreienden Bruder, liess einen Tisch holen und brach mit dem Bruder freudig das Fasten.

Obwohl Franziskus selber ein grosser Asket war, obwohl er an seinem Lebensende feststellen musste, zu hart mit seinem eigenen Körper umgegangen zu sein, konnte er schon in den frühen Jahren seines Wirkens einem Mitbruder zuliebe seine Askese zurückstellen und mit ihm zusammen, entgegen seinen spirituellen Absichten, genüsslich das Fasten brechen. Zu einer echten Spiritualität gehört der menschliche Umgang mit seinen Nächsten.

4. **Zuerst mein Nächster, dann die Freiheit**

Ich und der heilige Germanos gingen nach Ägypten zu einem Alten. Und nachdem er uns gastfreundlich aufgenommen hatte, wurde er von uns gefragt: Warum beobachtet ihr zur Zeit der Aufnahme fremder Brüder nicht eure Fastenregel? Und er antwortete: Das Fasten ist immer bei mir, euch aber kann ich nicht immer bei mir haben. Auch ist das Fasten eine nützliche und notwendige Sache, unterliegt aber unserem eigenen Entschluss. Das Gebot Gottes aber fordert notwendig die Erfüllung der Liebe. In euch nehme ich Christus auf und ich muss mit allem Eifer dienen. Wenn ich aber euch wegschicke, kann ich die Regel des Fastens wieder aufnehmen. Denn die Söhne des Brautgemaches können nicht fasten, solange der Bräutigam bei ihnen ist. Wenn der Bräutigam aber weggenommen ist, dann fasten sie in Freiheit.

Spruch des Abbas Kasianos

Gastgeber und Gastgeberinnen können mir auf die Nerven gehen. Wenn sie sich in die Küche zurückziehen und ich mir dann in der Stube vorkomme wie bestellt und nicht abgeholt. Wird man zu einem Essen eingeladen, dann wird gekocht, aufgetischt, gekocht, der nächste Gang serviert, usw. Ich bin nicht der erste Mensch mit dieser Erfahrung. Schon Jesus hat ja eine ähnliche Situation mit Maria und Marta erlebt. Und der Gipfel der Frechheit ist bei der Geschichte mit Jesus, dass die arbeitende Person der menschlich präsenten Person noch Vorhaltungen macht. Doch Jesus fällt nicht darauf herein. «Marta, Marta, du machst dir viele Sorgen und Mühen. Aber nur eines ist notwendig. Maria hat das Bessere gewählt, das soll ihr nicht genommen werden» (Lk 10,41-42).

Auch Abbas Kasianos hat diesen wunden Punkt bei religiösen Menschen getroffen, die ihre spirituellen Übungen absolut setzen und gerade damit gegen die Liebe verstossen. Der Nächste geht den spirituellen Bedürfnissen und Übungen vor; die Liebe steht vor der Freiheit.

Von Franziskus erzählt man sich die wunderbare Geschichte, dass er mit Brüdern am Fasten war. Mitten in der Nacht hat einer vor Hunger aufgeschrien. Franziskus liess sofort einen Tisch decken, brach selber sein Fasten und genoss mit dem Verzweifelten ein leckeres Mahl. Die Liebe fordert nicht zuerst das Erfüllen von irgendwelchen Prinzipien, sondern die Erfüllung der Liebe.

5. **Spirituelles Leben ist anders**

Abbas Antonios und Abbas Ammoes sahen, dass Abbas Achilas die ganze Nacht an einem Seil arbeitete und fragten ihn, warum er das tue. Er aber sagte: Vom Abend an bis jetzt habe ich zwanzig Orgyien (etwa 37 Meter) geflochten, und natürlich brauche ich die nicht. Aber damit Gott nicht unzufrieden ist, mir vorwirft und sagt: Warum arbeitest du nicht, obwohl du arbeiten kannst? Deshalb mühe ich mich ab und wende alle meine Kraft auf. Und mit Nutzen gingen sie wieder weg.

Spruch des Abbas Achilas

In Zeiten der Arbeits- und Gewinnmaximierung scheinen nur die Dummen zu arbeiten. Wer genügend Geld hat oder es richtig anstellt, lässt – wie es der Werbespot einer Kantonalbank suggeriert – das Geld oder andere Menschen arbeiten und gibt ab und zu etwas davon aus. Der Schlaue arbeitet nichts und wird erst noch reich dabei. Welch ein Leben! Ist das wirklich das wahre Leben? Wenn man Geld oder andere für sich arbeiten lässt, dann hat man genügend Zeit zum Beten und zum Meditieren. Man könnte die selbst gemachte «Arbeitslosigkeit» auch noch spirituell absichern. Oder haben Sie auf Bildern je einen Mönch oder einen Yogi arbeiten sehen? Gibt es sogar eine Konkurrenz zwischen Spiritualität und Arbeit?

In dieser Weise gedacht wäre Abbas Achilas ein verkorkster alter Mann, der noch einen Schritt weiter geht und die Arbeit um der Arbeit willen macht. Er sucht weder Gewinnmaximierung noch Produktivität in seinem Tun. Das Produkt seiner Arbeit braucht er nicht einmal. Er selber hat keinen

Verwendungszweck für das Seil, das während seiner Nachtarbeit entsteht. Da hätte er doch besser gebetet.

Die Erfahrung und die Ordenstraditionen zeigen, dass Arbeit zum spirituellen Prozess gehören. Ohne Arbeit keine gesunde geistliche Entwicklung, heisst der Grundsatz. Es geht nicht ums Wie, sondern darum, dass gearbeitet wird.

Auch sehr strenge und monastische Gemeinschaften legen grossen Wert auf die Handarbeit. Nicht etwa – wie auch bei Abbas Achilas – wegen der grossen Produktivität, sondern wegen dem Tun und dem geistlichen Leben.

6. **Echtes Fasten tut gut, auch meinem Umfeld**

Wiederum sagte er: Ich sah welche, die ihre Leiber in der Askese aufgerieben haben. Aber weil sie keine Unterscheidungsgabe hatten, waren sie fern von Gott.

Spruch des Abbas Antonios

Christlich gewendet macht die «Liebe» die Gabe der Unterscheidung aus. Doch ist es ein weiter Weg, bis man zu ihr gelangt. Echte Liebe ist nicht nur das Gefühl eines Augenblicks oder einer einmaligen inneren Regung. Sie will erarbeitet und manchmal auch erlitten werden.

Die Gabe der Unterscheidung der Geister, wie sie auch genannt wird, schenkt einem nicht das Wissen, die wahre und abschliessende Antwort gefunden zu haben – solche Antworten dürfen wir getrost Gott überlassen –, sondern die Hoffnung, dass Gott mit mir, mit uns auf dem Weg ist.

Grundsätzlich lebt jede Entscheidung davon, sich selber mit dem Thema auseinandergesetzt, wie auch kritische Menschen dazu befragt zu haben. Dann kann man die Entscheidungsfindung mit ins Gebet nehmen. Dabei rät Ignatius von Loyola, die inneren Regungen während des Betens wahrzunehmen. Kommt bei einem Lösungsansatz innerer Trost hoch, dann ist in diese Richtung weiter zu meditieren und zu entscheiden. Zeigt sich Verzweiflung, innere Unruhe sowie Rastlosigkeit, dann hat sich wohl eine Sackgasse geöffnet, und es ist ein anderer Weg zu suchen. Manchmal hilft es bei Entscheidungen auch auf andere und deren Gebet zu bauen.

Als Franz von Assisi in seinem Leben nicht wusste, ob er sich in die Einsiedelei zurückziehen oder besser auf den Strassen vom Reich Gottes erzählen sollte, fragte er seinen besten Freund und seine beste Freundin um ihren Rat. Unabhängig voneinander meldeten die beiden Franziskus, dass sein Weg zu den Menschen und nicht in die Stille gehen müsse. Diesen Weg hat er dann auch eingeschlagen.

Welche Unterscheidungsgabe wäre im Fasten und im Verzichten zu berücksichtigen? In der Bibel geht das richtige Fasten mit Beten, d. h. mit dem Leben der persönlichen Gottesbeziehung, wie auch mit sozialem Handeln einher – dabei soll die Askese nicht in die Öffentlichkeit getragen oder ein Leistungssport werden. Echtes Fasten darf meinen Nächsten wie auch mir selber gut tun und öffnet die Dimension zu Gott hin.

7. **Ich rette mich im Leben**

Abbas Benjamin sagte beim Sterben zu seinen Söhnen: Das sollt ihr tun, dann könnt ihr gerettet werden: Freut euch immer, betet unablässig, sagt für alles Dank (vgl. 1 Thess 5,16-18a).

Spruch des Abbas Benjamin

Wie gerne machen Menschen ihr Leben an Erreichtem und an Erfolgen fest. Erst diese geben ihnen scheinbar Status, Ehre und Selbstzufriedenheit. Bei besonders religiösen Menschen, die dann auf das Gegenteil, das Scheitern und das Leiden setzen, sind es dann manchmal nicht die Erfolge, sondern die Weltuntergangs-szenarien für eine kaputte und gottlose Welt. Trotzdem orientieren sich pessimistische Menschen indirekt auch an den Erfolgen, schätzen diese jedoch als leer, gefährlich und schlecht ein.

In einer ganz anderen Weise begegnet Abbas Benjamin den «Söhnen» vor seinem Sterben. Er verweist sie in drei Weisen auf Lebenseinstellungen und tägliches Tun. Er verspricht bei deren Einhaltung Rettung. Freude, Beten und Danken sind die Erfolgs-rezepte des Abbas Benjamin – und nicht etwa Weltflucht oder Weltverdrossenheit. Interessanterweise nimmt er vor seinem Sterben keinen Bezug auf das Nachher des Todes.

Als Christen und Christinnen dürfen wir an Ostern einen Schritt weitergehen. In uns und mit uns lebt die Hoffnung auf Gott, der uns durch Jesu Auferstehung zum ewigen Leben erlöst hat. Dabei zeigen uns jedoch Abbas Benjamin sowie der erste Brief an die Thessalonicher, dass diese Hoffnung nicht weltfremd machen will, sondern für eine freudige und dankbare Weltsicht in der Beziehung zu Gott befreien will.

Das schönste Bild für die Auferstehung ist für mich das Leben einer gefrässigen Raupe, die nach dem Verpuppen (Bild für den Tod) als wunderbarer Sommervogel aus dem Kokon aufersteht. Dabei fragt die Raupe noch nicht nach dem Sommervogel, sondern sie lebt ihr unruhiges Leben der Nahrungssuche.

8. **Den Himmel vermiest du dir selbst**

Sie bleiben ausserhalb des Gottesreiches ... Es muss nun jeder Mensch über seine Werke wachen, damit er sich nicht ins Leere abmüht.

Spruch des Abbas Daniel

Es sagte Abbas Daniel: «Abbas Arsenios erzählte uns über einen anderen, aber es wird wohl er selbst gewesen sein: Ein Alter sass in seiner Klosterzelle. Da kam eine Stimme zu ihm und sagte: ‹Komm, ich zeige dir die Arbeiten der Menschen.› Der Alte stand auf und ging hinaus. Die Stimme brachte ihn an einen Ort und zeigte einen Äthiopier, der Holz hackte und eine grosse Last zu - bereitete. Der Äthiopier versuchte die Last zu tragen, konnte es aber nicht. Aber anstatt von ihr wegzunehmen, hackte er noch weiteres Holz und fügte es hinzu. Dies tat er mehrfach.

Dann ging die Stimme weiter und zeigte dem Alten einen Menschen, der an einer Zisterne stand und aus ihr Wasser schöpfte. Der Mensch goss das Wasser in ein durchlöchertes Gefäss, und es ergoss sich wieder in die Zisterne. Und wiederum sagte die Stimme zum Alten: ‹Komm ich zeige dir anderes.› Und sie schauten einen Tempel und zwei Männer, die auf zwei Pferden sassen und ein Holzstück quer trugen, einer neben dem anderen. Sie wollten durch das Tor gehen, konnten es aber nicht, weil das Holz quer war.»

In der Geschichte von Abbas Daniel werden Beispiele gegeben, die fernhalten vom Reich Gottes. Im ersten packt einer zu viel Holz und kann es nicht mehr tragen. Ein anderer hat eine durchlöcherte Schale und verliert das

Wasser. Die beiden Letzten wollen nebeneinander durch ein für sie zu schmales Tor gehen und bleiben ausserhalb des Tempels.

Für Abbas Daniel liegen in diesen drei Bildern drei Irrtümer christlichen Lebens, die den Christen den Himmel vermiesen können: Zu wenig Aufmerksamkeit für Gott, schlechte Werke und falscher Stolz. Grundsätzlich möchten die Menschen, von denen die Stimme erzählt, ans Ziel kommen. Doch hält sie falsches Tun am Boden. Ihr Tun wird mit falschem Werkzeug sinnlos oder durch Überheblichkeit verunmöglicht. «Mensch, wo stehe ich mir selbst im Weg?», ist die Frage, die Abbas Daniel den Hörenden mitgibt.

9. **Vertrau dem Arbeiter und seiner Lernfähigkeit**

Ein Bruder fragte den Alten und sagte: «Was soll ich tun? Ich bin wegen der Handarbeit bedrückt. Ich liebe das Seilflechten, bringe es aber nicht zusammen.» Es sagte der Alte: «Abbas Sisoes hat gesagt: Wir dürfen nicht aufhören, das Werk zu verrichten.»

Spruch des Abbas Sisoes

Arbeit gehört zum christlichen Leben wie das Beten selber. Seit jeher wurde ihr ein spezieller Nutzen zugeschrieben. Oft besonders der Arbeit, die als verwerflich und wenig ruhmreich empfunden wurde. Nicht der Erfolg oder die Ehre einer Arbeit stehen im Zentrum des Interessens, sondern wie sie den Arbeitenden und dem Reich Gottes dient. Deshalb ist es für den im Väterspruch erwähnten Bruder gar keine Frage, dass er arbeiten will. Seine Motivation dazu ist vorhanden. Ja, er hat sogar Glück, er liebt das Seilflechten und hat Freude daran. Die Arbeit scheint ihm einfach nicht von der Hand zu gehen und zu gelingen.

Der Bedrückte bleibt nicht alleine mit seinem Problem. Er hat den Mut, sich an einen erfahrenen Menschen zu wenden. Heute würden wir von einem Coach sprechen. Interessanterweise vermittelt der Alte im Spruch des Abbas Sisoes dem Bruder nicht eine Technik zum Gelingen der Arbeit. Nein, er ermuntert ihn, am Seil zu bleiben und zu flechten. Der Alte vertraut den Fähigkeiten des Bruders und der Zeit, damit die Arbeit gelingen kann. Manchmal braucht es Geduld, bis sich der Erfolg einstellen kann.

Diesen Frühling war ich mit einem Schiff unterwegs auf einem Schweizer See. An den Haltestellen sah ich jeweils ein Seil in Richtung Baumstamm fliegen. Selten fädelte es beim ersten Versuch ein. Der Werfende nahm es wieder zusammen und er machte den nächsten Wurf. Der gelang dann auch nicht immer.

Die Passagiere auf dem Schiff fieberten jeweils mit dem Werfenden und schauten gespannt auf das Seil. Und ich wiederholte innerlich den Spruch des Abbas Sisoes: «Wir dürfen nicht aufhören, das Werk zu verrichten.»

10. **Auch ein Staudamm erzählt von Gott**

Einst fragte Abbas Arsenios einen ägyptischen Alten über dessen Gedanken. Ein anderer sah dies und sagte: «Abbas Arsenios, du verstehst so viel von römischer und hellenistischer Bildung, warum befragst du diesen Bauern über seine Gedanken?» Dieser aber sprach zu ihm: «Die römische und hellenistische Bildung verstehe ich, aber das Alphabet dieses Bauern kenne ich nicht.»

Spruch des Abbas Arsenios

Vor einem Jahr starb mein Mitbruder Erwin Schmid in hohem Alter. Er war früher Hausmeister gewesen und bekannt dafür, selber auch Wasserturbinen gebaut sowie gestartet zu haben. Selbst im hohen Alter sah ich ihn noch oft im Übergewand und mit Werkzeugen im Kloster umhergehen. Einmal wagte ich ein Beeren-Wettrüsten mit dem über 90-jährigen Kapuziner. Sein Berg wuchs und meiner blieb bescheiden. Ich hatte keine Chance – trotz der Hälfte an Lebensjahren und der vom Computer trainierten Feinmotorik meiner Hände.

An einem Abend sass ich mit Bruder Erwin in einer Vierergruppe zusammen. Der stille Mann begann zu erzählen. Es wurde ein langer und höchst spannender Vortrag mit technischen Bildern über Tod, Auferstehung und Pfingsten. Erst da wurde mir klar, dass Turbinen, wie auch die biblischen Flammen auf dem Kopf, ein Bild für den Heiligen Geist sein können. Wie das Wasser die Turbinen, so treibt der Geist uns Menschen zum Leben an.

In der Apostelgeschichte wird über Pfingsten berichtet: «Alle wurden mit dem Heiligen Geist erfüllt und begannen, in fremden Sprachen zu reden, wie es der Geist ihnen eingab.» Vielleicht geht Pfingsten bei Arsenios noch einen Schritt weiter. Es geht nicht nur um Sprachen unterschiedlicher Völker und Kulturen, sondern eben auch um unterschiedliche Fachsprachen. Bei ihm ging es um das Alphabet des Bauern, bei Bruder Erwin um das Alphabet eines Hausmeisters. Beide verkünden uns die grossen Taten Gottes.

11. **Franziskus hat vom Feind gelernt**

Wer will, dass Gott schnell sein Gebet erhört, stehe auf, breite seine Hände zu Gott aus und bete aus ganzer Seele für seine Feinde, früher, als für alle anderen und für seine eigene Seele.

Spruch des Abbas Zenon

Unruhig geht Franziskus im Jahr 1219 auf der Strasse auf und ab. Endlich möchte er aufbrechen und den Muslimen die gute Botschaft von Jesus Christus bringen. 1212 ist seine Missionsreise nach Syrien am fehlenden Wind gescheitert. 1214 musste er seine Reise nach Marokko wegen Krankheit abbrechen. 1217 hat ihm Kardinal Hugolino von einer Reise nach Frankreich abgeraten. Warum gelingt es ihm nie, zu den Muslimen aufzubrechen?

1219 schifft sich Franziskus in Ancona fürs heilige Land ein. Endlich will er den Muslimen die gute Nachricht vom armen Jesus bringen. Doch verlieren die Christen in diesem Jahr die Schlacht von Damiette. Das Verhalten und Gebaren der christlichen Kreuzritter haben absolut wenig mit Nächsten-, ja Feindesliebe zu tun. Die Ritter sind mehr am Plündern – auch in christlichen Gebieten – interessiert, denn am Kampf für das Reich Gottes.

Franziskus verlässt eines Tages das Lager der Christen und bricht mit einem Mitbruder zu den Feinden auf. Die feindlichen Krieger greifen die beiden Bettelbrüder auf und bringen sie zu Sultan al Kâmil. Was der Heilige mit dem Sultan bespricht – auch arabische Quellen erzählen von dieser Begegnung – wissen wir bis heute nicht. Doch bekommt Franziskus den Freipass, die von den Arabern besetzten heiligen Orte in Jerusalem zu besuchen. Auf dem Nachhauseweg lässt er die Kreuzritter links liegen und geht direkt nach Europa zurück.

Franziskus scheint einiges durch die Muslime gelernt zu haben. Zuerst begleitet ihn die Erfahrung, der zum Gebet rufenden Muezzine. Er regt deshalb an, mit Glocken zum Gebet zu rufen. Man kann also von «Feinden» (oder sind es nun Freunde?) lernen. Dann verfasst er eine Instruktion für die Mission: Wenn man zu den Sarazenen zieht, soll man friedlich leben und erst, wenn man danach gefragt wird, von seinem Glauben erzählen.

12. **Nicht jeder Zorn heilt und macht gesund**

Er wurde wieder gefragt: Was ist der Zorn? Und er antwortete: Streit, Lüge und Unwissenheit.

Spruch des Abbas Esais

Funkelnde Augen schauen mir ins Gesicht. «Werden Sie manchmal nicht auch vom heiligen Zorn ergriffen?» Gut, das Gefühl von Wut und Empörung oder auch von Ärger kenne ich. Doch, heiliger Zorn? Kann Zorn überhaupt heilig sein? Nein, ich glaube nicht, dass Zorn und zorniges Verhalten uns Menschen weiterbringen. Und trotzdem bete ich manchmal gerne mit Maria: «Er vollbringt mit seinem Arm machtvolle Taten: Er zerstreut, die im Herzen voll Hochmut sind; er stürzt die Mächtigen vom Thron und erhöht die Niedrigen. Die Hungernden beschenkt er mit seinen Gaben und lässt die Reichen leer ausgehen.» (Lk 1,51-53)

In den Evangelien kommt der Begriff «Zorn» selten vor. Einige wenige Male wird vom Zorn Gottes gesprochen – «Zorn» wird dann gerne mit dem Begriff «Gericht» übersetzt. Über den Zorn Jesu fand ich eine interessante Stelle: «Und er sah sie der Reihe nach an, voll Zorn und Trauer über ihr verstocktes Herz, und sagte zu dem Mann: ‹Streck deine Hand aus!› Er streckte sie aus, und seine Hand war wieder gesund.» (Mk 3,5) Hier wird also nicht in heiligem Zorn alles kurz und klein geschlagen, sondern geheilt.

Wenn ich diese Jesusgeschichte meditiere, dann realisiere ich den entscheidenden Unterschied zwischen ihm und mir. Deshalb ist mir Abbas

Esais Zugang zum Zorn für mein eigenes Verhalten hilfreich geworden: Zorn ist Streit, Lüge und Unwissenheit.

Wenn ich in mir Zorn hochkommen spüre, dann frage ich mich, was diese Regungen auslöst und versuche, ihnen die Ursachen zu nehmen, d. h. im Streit den Frieden zu suchen, von der Lüge zur Wahrheit zu finden und bei der Unwissenheit die Hintergründe zu entdecken. Darin geht es wie bei Jesus nicht darum zu zerstören, sondern dem Leben zu dienen.

13. **Glück kommt oft überraschend**

Es sagte Abbas Poimen: Ein Bruder, der mit anderen Brüdern zusammenwohnte, fragte den Abbas Bisarion: «Was soll ich tun?» Der Alte sagte ihm: «Schweige und miss dich nicht.»

Spruch des Abbas Poimen

Eben hat Tim ein feines Joghurt gekauft. Verdutzt bleibt er vor dem Laden stehen: Habe ich nun wirklich das beste Erdbeer-joghurt gekauft oder gäbe es noch ein besseres und fruchtigeres? Die Freude und die Lust von vorher sind weg, die Stimmung auf dem Nullpunkt.

Menschen aus dem «armen» Süden haben mich des Öfteren gefragt, warum in Europa so viele traurige Gesichter zu sehen seien. Grundsätzlich gibt es zwei absolut sichere Lebens-einstellungen, die den Menschen verzweifeln lassen können:

Einerseits der Zwang, von irgendetwas das Beste haben zu müssen (gut allein genügt nicht), andererseits der Druck, selber der beste und erfolgreichste Mensch zu sein. Solche Ansprüche sind zum Scheitern verurteilt. Francois Lolord hat im Buch «Hektors Reise oder die Suche nach dem Glück» 23 Lektionen geschrieben, die dem Menschen auf dem Weg zum Glück eine Hilfe sein können. Hier einige dieser Hilfestellungen, die sich z. B. als Ferienbeschäftigung zum Meditieren eignen:

Lektion 1: Vergleiche anzustellen ist ein gutes Mittel, sich sein Glück zu vermiesen.

Lektion 2: Glück kommt oft überraschend.

Lektion 3: Viele Leute sehen ihr Glück nur in der Zukunft.

Lektion 4: Viele Leute denken, dass Glück bedeutet, reicher oder mächtiger zu sein.

Lektion 5: Manchmal bedeutet Glück, etwas nicht zu begreifen.

Lektion 6: Glück, das ist eine gute Wanderung inmitten schöner unbekannter Berge.

Lektion 7: Es ist ein Irrtum zu glauben, Glück wäre das Ziel.

Lektion 8: Glück ist, mit den Menschen zusammen zu sein, die man liebt – Unglück ist, von den Menschen die man liebt, getrennt zu sein.

Lektion 9: Glück ist, wenn es der Familie an nichts mangelt.

Lektion 10: Glück ist, wenn man eine Beschäftigung hat, die man liebt.

Lektion 11: Glück ist, wenn man ein Haus und einen Garten hat.

14. **Den Platz im Leben finden und bekommen**

Ich sah einen am Ufer des Meeres, wie er bis zu seinen Knien in den Schlamm geriet. Da kamen einige und reichten ihm die Hand, tauchten ihn aber noch weiter hinein, bis zum Hals.

Spruch des Paphnoutios Kephalas Abbas

Der Verlauf eines Lebens ist in seiner Entwicklung nicht voraussehbar. Selbst als erwachsener Mensch kann ich nicht sagen, wie meine Lebenssituation in zehn Jahren aussehen wird. Diese Erfahrung musste auch Christophorus machen, dem wir am 24. Juli gedenken.

Nach der Legende war Christophorus ein aussergewöhnlich grosser und starker Mann. Er hatte ehrenvolle Absichten: Nur dem mächtigsten König wollte er dienen. Deshalb arbeitete er zuerst für weltliche Herrscher, später kam er in den Dienst des Teufels, weil dieser auch von den mächtigsten Menschen gefürchtet wurde. Doch als der Teufel eines Tages vor einem Wegkreuz flüchtete, ging Christophorus auf die Suche nach dem noch Grösseren. Menschen eines Dorfes wiesen ihm den Weg zu einem Einsiedler. Dieser riet ihm nach intensiven Nachdenken und Beten, Menschen über einen wilden Fluss zu tragen. Dabei begegnete Christophorus an einem stürmischen Tag prompt dem Jesuskind höchst persönlich. Wegkreuz, Menschen und der Einsiedler aus dem tiefen Wald konnten also dem fragenden und suchenden Mann den Weg aus dem Schlammassel des Lebens weisen.

nicht Geld für ein Projekt?» Ach ja, Jesus spricht von Menschen, die stets «Gott» sagen und dabei eher an sich selber denken.

Solche Menschen will Arsenios schon gar nicht sehen. Begegnung ist mehr als Smalltalk oder ein fachlicher Austausch. Da geht es um ein Gegenüber, das entdeckt und gefunden werden will. Aus echter Begegnung kommt man gestärkt und glücklich wieder heraus. Erstaunlicherweise sind es oft Menschen mit grosser Gottverbundenheit, die für solche Begegnungen besonders begnadet sind.

Niklaus von Flüe, an den wir am 25. September gedenken, war wohl einer von diesen Menschen, die trotz Abgeschiedenheit aufgesucht wurden, weil sie zu echter und stärkender Begegnung fähig waren.

18. **Gott lässt sein Ebenbild nicht im Stich**

Einmal ging Abbas Amonas hin, den Abbas Antonios zu besuchen, und er verirrte sich auf dem Weg. Er setzte sich und schlief ein wenig. Als er nach dem Schlaf aufstand, betete er zu Gott und sprach: «Ich bitte dich, Gott, richte dein Gebilde nicht zu Grunde.» Und es erschien ihm wie eine Menschenhand, die vom Himmel herabhing und ihm den Weg zeigte, bis er zur Höhle des Abbas Antonios kam und davor stand.

Spruch des Abbas Amonas

Aufregung herrscht im Dorf Poggio Bustone/I. Vor einigen Wochen lief der bekannte Franz von Assisi durchs Dorf und grüsste alle Menschen herzlich mit «pace e bene» (Frieden und Gutes). In einer Grotte oberhalb des Dorfes hat er sich im Wald niedergelassen, und nun hört man ihn klagen und schreien. «Aha, Midlife-Crisis», wissen die älteren Menschen zu diagnostizieren.

Und diese durchstand Franziskus in jenen Tagen. Sein Orden entwickelte sich in eine Richtung, die ihm gar nicht behagte. Statt nach einem entbehrungsreichen Leben auf den Landstrassen, strebten die Brüder nach Wissen und Ruhm, einem angenehmen Leben in Klöstern. Benediktinisch ist ein solcher Lebensstil und nicht franziskanisch! Ach ja, er hatte alles falsch gemacht, und Gott war wohl über ihn verärgert. «Gott, sei mir Sünder gnädig», ging ihm in den durchwachten Nächten durch den Kopf.

Thomas von Celano schreibt in der Lebensbeschreibung von Franziskus, den die römisch-katholische Kirche am 4. Oktober feiert: «Da begann unsagbare

In einer weiteren Situation ärgerte sich ein Religionslehrer über seine Schüler, die einem Jesusfilm mehr trauten als den Evangelien. Beim näheren Hinschauen zeigte sich, dass der Lehrer die Evangelien wie einen historischen Bericht behandelte. Er realisierte nicht, dass sowohl Film als auch Evangelien zuerst einmal literarische Erzählungen sind und als solche auf den historischen Jesus von Nazareth hinweisen.

Seit diesen Untersuchungen bin ich etwas vorsichtiger geworden. Auch habe ich viele ältere Menschen erlebt, die bei Computer-problemen eben diese mediensüchtigen Jugendlichen zu Rate gezogen haben. Diese jungen Menschen haben eine Ahnung von diesen Dingen! Abbas Poimon hat schon Recht, weil «sein» Reden oder eben «ihr» Know-how bewirkt, dass jemand zum Fachmann oder zur Spezialistin wird. Da steht nicht das Alter im Zentrum.

20. **Bitte, nicht aufsitzen!**

Als Abbas Johannes im Sterben lag und zuversichtlich und heiter zu Gott hinaus wanderte, ... sprach er: «Niemals tat ich meinen eigenen Willen und niemals lehrte ich etwas, was ich vorher nicht selbst getan hatte.»

Spruch des Abbas Kasianos

«Nicht aufsitzen!», war das geflügelte Wort eines Guardians im Kapuzinerkloster Rapperswil.

Wenn mehrere Menschen zusammenleben, gibt es Meinungsverschiedenheiten. Nimmt man einen Meinungsträger etwas genauer unter die Lupe und versucht, ihn auch zu verstehen, dann ahnt man manchmal, wieso der eine so, der andere anders empfindet. Ein lächelnd gesagtes «Nicht aufsitzen!» kann in verfahrenen Situationen Wunder wirken, v. a. wenn man es zu sich selber sagt. Einer meiner Mitbrüder, früher Professor für Dogmatik, ging nach Kanada, um Psychologie zu studieren. Als er nach mehreren Jahren und therapeutischer Ausbildung wieder in die Schweiz zurückkehrte, fragte ich ihn erwartungsvoll, was er nun damit zu tun gedenke – und stellte mir etwas Bombastisches vor. Mit solch einer Ausbildung muss man doch mindestens halb Europa retten! Er schaute mir ruhig in die Augen und meinte: «Projekte habe ich keine, doch kann ich nun meine Brüder besser ertragen.» Unverständnis war meine Reaktion.

Nach Jahren des geradezu unscheinbaren Wirkens wurde er zum Generalminister, d. h. zum «höchsten» Kapuziner gewählt. Und er besitzt heute wirklich eine grosse Fähigkeit, seine Brüder zu er-tragen. Dabei geht es ihm nicht zuerst um seinen eigenen Willen, sondern um das Tun und Üben seiner Fähigkeit, andere wahrzunehmen und sie in ihrer Ebenbildlichkeit Gottes zu erahnen. Gefordert sind dann nicht grosse Worte, sondern ein Leben aus dem heiligen Geist und die Fähigkeit, aufrichtig «Dein Wille geschehe» zu beten.

21. **Gott scheint gar nicht so fern zu sein!**

Aus dem Nächsten kommt das Leben und der Tod: Wenn wir den Bruder gewinnen, gewinnen wir Gott. Wenn wir dem Bruder Ärgernis geben, sündigen wir gegen Christus.

Spruch des Abbas Antonios

«Hat Gott etwas mit der Welt zu tun?», frage ich mich manch-mal, wenn ich das Verhalten von Menschen oder deren religiösen Betätigungen betrachte. «Nein, das Heilige ist ganz anders und darf doch nicht in den Dreck gezogen werden!», kann eine Entgegnung von einem ganz vergeistigten Menschen sein. «Gott ist ganz anders», sagt vielleicht ein aufgeklärter Theologe; oder auch platonisch gedacht: «Wahr sind die Ideen, schmutzig die Erde und verabscheuenswürdig die Emotionen des Menschen. Die Welt ist schlicht dunkel und böse.» Sind das wirklich christliche Weltsichten?

Gerne sind wir ja lieb mit den uns nahen Menschen, mit Familien-angehörigen und Freunden. Der Evangelist Matthäus hat jedoch eine etwas radikalere Sicht auf das Leben: «Wenn der Menschen-sohn in seiner Herrlichkeit kommt und alle Engel mit ihm, dann wird er sich auf den Thron seiner Herrlichkeit setzen. Und alle Völker werden vor ihm zusammengerufen werden, und er wird sie von-einander scheiden, wie der Hirt die Schafe von den Böcken scheidet. Er wird die Schafe zu seiner Rechten versammeln, die Böcke aber zur Linken. Dann wird der König denen auf der rechten Seite sagen: Kommt her, die ihr von meinem Vater gesegnet seid, nehmt das Reich in Besitz, das seit der Erschaffung der Welt für euch bestimmt ist. Denn ich war hungrig, und ihr habt mir zu essen gegeben; ich war durstig, und ihr habt mir zu trinken gegeben; ich war fremd und obdachlos, und ihr habt mich aufgenommen; ich war nackt, und ihr habt mir Kleidung gegeben; ich war krank, und ihr habt mich besucht; ich war im Gefängnis, und ihr seid zu mir gekommen. » (Mt 25,31-36)

Am 24. November feiern wir Christkönig. Mag sein, dass Könige uns demokratisch orientierten Menschen fremd geworden sind. Doch wenn ich die Erzählung von Matthäus meditiere, dann vergleiche ich Gott gerne mit einem solchen König, lasse mich in meinem Leben zu entsprechenden Taten motivieren und hoffe, dass da wirklich etwas von seinem Königreich Wirklichkeit wird – in unserer Welt natürlich.

22. **Auch Wanderer brauchen Pausen**

Einige Brüder kamen zu Abbas Poimen und sagten zu ihm: «Wenn wir die Brüder beim Gottesdienst einnicken sehen, willst du, dass wir sie aufwecken, damit sie bei der Nachtwache wach sind?» Der aber sagte ihnen: «Wenn ich bisher einen Bruder einnicken sah, legte ich seinen Kopf auf meine Knie und liess ihn ruhen.»

Spruch des Abbas Poimen

Es gibt den Zustand des Nichtstun und trotzdem müde sein. Dieser ist hier nicht gemeint. Wer effektiv wandern will und nicht beim Rasten versauert, der braucht Zeiten der Erholung und des Entspannens. Selbst Computer muss man ab und zu herunterfahren und wieder neu starten – besser nicht erst, wenn sie eine Krise schieben.

Gleiches gilt im spirituellen Leben. Gottesdienste wie auch Meditationen brauchen Zeiten der Veränderung und des Erholens. Irgend-wann ist die Luft weg, und eine erholsame Unterbrechung ist heil-sam. Dies zeigt sich besonders in Exerzitien, Tagen der Stille, wie sie bei Ignatius von Loyola zu lernen sind. Fünf Mal im Tag – wer will, der darf auch eine Gebetszeit in der Nacht halten – soll der Übende sich eine Stunde intensiv dem Gebet widmen. Dazwischen entspannen und wenn es geht, an die frische Luft gehen und tief durchatmen. Exerzitien-Begleiter wissen, dass konzentrierte Gebetsstunden fordern und ermüden. Vor allem in den ersten Tagen sackt manch ein Betender ein. Erholung ist dem spirituellen Prozess förderlich und somit nicht Luxus oder Nichtstun.

und ich wurde ruhiger und ruhiger. Die inneren Wellen legten sich, mein Atem wurde ruhiger, tiefer und langsamer. Gemütlich schlenderte ich schliesslich ins Rektorat der Uni und meldete mich. Man bat mich, im Büro des Rektors zu warten. Dieser sass am Computer und arbeitete. Ich sass an einem Tisch und wartete entspannt. Das Telefon läutete, er nahm ab und sagte: «Wir kommen.» Dann schaute er mich an und fragte: «Sind sie nicht aufgeregt?» Ich erinnerte mich an kitschige weisse Weihnachtsengel in einem durchwanderten Shopping-Center und antwortete lächelnd und ehrlich: «Nein.»

24. **Die Welt ist wohnlicher geworden**

Dieselbe sagte wiederum: «Der Lehrer muss frei von Herrsch-sucht sein, fremd der eitlen Ruhmsucht, fern von Stolz, nicht getäuscht von Schmeichelei, nicht blind gemacht durch Geschenke, nicht besiegt durch den Magen und nicht von Zorn beherrscht, sondern grossmütig, milde und nach Kräften demütig. Er muss akzeptiert und duldsam sein, fürsorglich und Seelen liebend.»

Spruch der Amma Theodora

Endlich einmal ein Wüstenmutterspruch! Für Frauen war es früher schwierig, sich alleine in der Wildnis zu bewegen. Böse Zungen sagen, nur ganz schlecht aussehende Frauen hätten es sich erlauben können, sich an einsamen Orten zum Gebet und Alleinsein zurückziehen zu können.

Im Mittelalter wurden aus allein lebenden Einsiedlerinnen aus Sicherheitsgründen sogenannte «Inklusinnen». Das bedeutete, sich einzuschliessen, sich einmauern zu lassen. Der Grund dazu war weder ein spiritueller, noch sich selber die Bewegungsfreiheit zu nehmen, sondern sich einen Schutz zu schaffen. Der Einschluss hielt übergriffbereite Männer fern. Diesen Sommer sah ich eine Statistik über Eremiten und Eremitinnen in Westeuropa. Heute gibt es sehr viele Frauen, die sich in Klausen – oft in Städten – zurückgezogen haben und beten. Die Welt scheint sich diesbezüglich verbessert zu haben. Das Einsiedlerinnenleben ist heute auch für Frauen möglich geworden. Nicht eine von diesen Frauen musste sich dazu ein-mauern lassen.

Wenn wir in diesen Tagen Advent feiern und uns auf Weihnachten vorbereiten, dann warten wir auf dieses «Besser-Werden-der-Welt». An Weihnachten dürfen wir feiern, dass Gott dazu die Initiative ergriffen und mit seinem Wirken in einer ganz speziellen Weise begonnen hat, die Erde umzugestalten. Festzustellen, dass Frauen heute einiges können, was ihnen früher verwehrt war, ist für mich ein Grund, um an die Botschaft von Weihnachten zu glauben. Gott hat sich aufgemacht – und er ist immer noch damit beschäftigt – unsere Erde wohnlicher und gerechter zu machen, sein Reich der Liebe und des Friedens für alle Menschen zu bauen. Und dass dies Gott wie ein guter Lehrer tut, zeigt mir der Spruch der Amma Theodora.

Die Hoffnung lebt! Frohe Weihnachten!

MIX
Papier aus verantwortungsvollen Quellen
Paper from responsible sources
FSC® C105338

Printed by Books on Demand GmbH, Norderstedt / Germany